Eveline Hasler
Die Hexe Lakritze

*Für Laura und Dario
und für alle Kinder,
die gerade Lesen gelernt haben.*

Eveline Hasler

Die Hexe Lakritze

Zwei Geschichten

Mit Bildern von
Ulrike Mühlhoff

EDITION
BÜCHERBÄR

Eveline Hasler
lebt in der Schweiz. Sie studierte Psychologie und Geschichte,
war kurze Zeit als Lehrerin tätig und begann danach zu schreiben.
Ihre Kinderbücher und Romane wurden mehrfach ausgezeichnet
und verfilmt.

Weitere lieferbare Bücher:
»Komm wieder Pepino«
»Die Schule fliegt ins Pfefferland«

Ulrike Mühlhoff
ist in Bottrop geboren und lebt seit einigen Jahren in Bayern.
Sie studierte Grafik mit dem Schwerpunkt Illustration an der
Folkwangschule an der Universität in Essen und illustriert
Kinder- und Jugendbücher. Daneben ist sie noch als Designerin
für Glas und Keramik tätig.

In neuer Rechtschreibung

5. Auflage 2001
© Edition Bücherbär im Arena Verlag GmbH, Würzburg
Alle Rechte vorbehalten
Einband und Illustrationen: Ulrike Mühlhoff
Gesamtherstellung: Westermann Druck Zwickau GmbH
ISBN 3-401-07284-6

Inhalt

Die Hexe Lakritze und Schloff, der Drache

Die Hexe Lakritze und Rino Rhinozeros

Die Hexe Lakritze
und Schloff, der Drache

*M*itten im Wald steht ein kleines Haus.

Es liegt versteckt

hinter hohen Brombeerhecken.

Hier wohnt Lakritze, die Hexe.

Lakritze trägt meist einen weiten Rock
mit vielen farbigen Flicken drauf.
Ihr Hut ist blau.
Die Nasenspitze ist ein bisschen grün.
Das kommt vom Kräuterkuchenessen.
Lakritze sammelt Kräuter.
Abends bäckt sie Kräuterkuchen.
Die schmecken herrlich,
und Lakritze möchte am liebsten
den ganzen Tag Kuchen backen.
Aber Lakritze kann nicht
den ganzen Tag backen.
Am Vormittag muss sie zur Schule gehen.
Lakritze ist noch ein Hexenmädchen.

Lakritze ist manchmal traurig,
weil sie keinen Hexenbesen hat.
Weil sie keinen Hexenbesen hat,
muss sie zu Fuß zur Schule gehen.
Und weil sie zu Fuß zur Schule geht,
muss sie um drei Uhr aufstehen.
Das ist hart.

Der Wecker

Jeden Morgen um Punkt drei
rasselt der Wecker neben Lakritzes Bett.
Der Wecker ist so groß
wie ein Suppenteller.
Der Zauberer Zinnobro
hat ihn Lakritze geschenkt.
Er ist Lakritzes Lehrer.
»Ich schenke dir den Wecker,
damit du nie mehr zu spät kommst«,
hat er ihr gesagt.
Zinnobro mag es nicht,
wenn seine Schüler zu spät kommen.

Der Wecker hat drei große Läutwerke.
Unter den großen Glocken
sind noch vier kleine für den Notfall.
Unter den sieben Läutwerken
ist ein geheimnisvoller Schlitz.

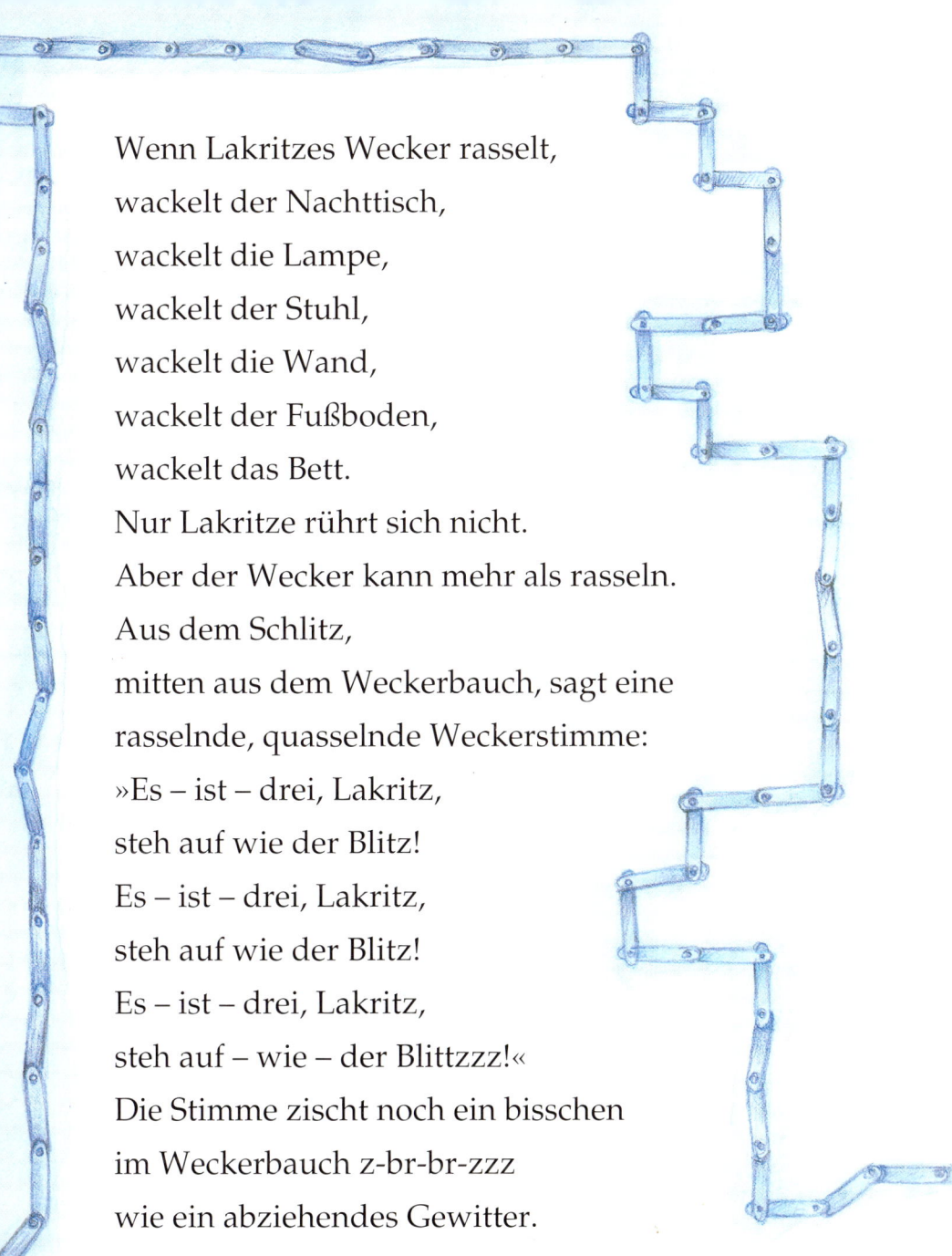

Wenn Lakritzes Wecker rasselt,

wackelt der Nachttisch,

wackelt die Lampe,

wackelt der Stuhl,

wackelt die Wand,

wackelt der Fußboden,

wackelt das Bett.

Nur Lakritze rührt sich nicht.

Aber der Wecker kann mehr als rasseln.

Aus dem Schlitz,

mitten aus dem Weckerbauch, sagt eine

rasselnde, quasselnde Weckerstimme:

»Es – ist – drei, Lakritz,

steh auf wie der Blitz!

Es – ist – drei, Lakritz,

steh auf wie der Blitz!

Es – ist – drei, Lakritz,

steh auf – wie – der Blittzzz!«

Die Stimme zischt noch ein bisschen

im Weckerbauch z-br-br-zzz

wie ein abziehendes Gewitter.

Dann verstummt sie.

Aber Zinnobros Wecker kann noch mehr!

Jetzt fährt aus dem Schlitz

ein Stäbchen,

wird lang und länger

wie ein Arm,

kreist suchend über Lakritzes Gesicht,

senkt sich herab und presst

die grüne Nasenspitze der Hexe

zwischen zwei Metallfinger.

»Au, du Biest!«, schreit Lakritze.

Sie reibt sich die Nase

und springt aus dem Bett.

Schnell steigt sie in ihren Flickenrock

und stöhnt:

»Verhext und zugenäht!

Wieder komme ich zu spät!«

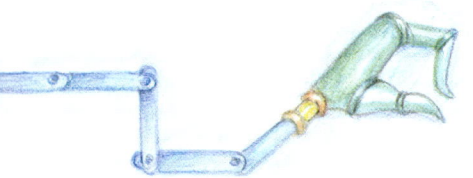

Der Weg zum Hexenschulhaus

Ja, hätte sie nur einen Hexenbesen!
Dann könnte sie sich noch für Stunden
aufs Ohr legen.
Um fünf vor acht könnte sie sich
auf ihren Hexenbesen setzen
und
psü – ü – ü – ü – ü – t
wäre sie in der Hexenschule.
Hexenbesen sind nämlich schnell wie Raketen.
Aber Lakritze muss zu Fuß gehen:
Klapp-dara-dapp durch den Wald,
klapp-dara-dapp den Hexenbichel hinauf,
klapp-dara-dapp den Hexenbichel hinunter.
Bei starkem Wind dauert das lange.
Und mehr als eine halbe Stunde
darf man auch in einer Hexenschule
nicht zu spät kommen.

Heute hat Lakritze Pech.

Sie stolpert im Wald über einen Stein.

Später stolpert sie über eine Stelzwurzel.

Mit Hexenschuhen stolpert man viel,

weil sie immer

zwei Nummern zu groß sein müssen.

Warum?

Ich weiß es auch nicht.

Ein altes Weiblein,

das im Wald Pilze sucht,

hilft ihr wieder auf die Beine.

Das Pilzweiblein ist oft im Wald

und kennt Lakritze.

»Ein Jammer,

dass du keinen Hexenbesen hast«,

sagt das Pilzweiblein.

»Sag mal, du bist doch eine Hexe!

Kannst du dir denn keinen zaubern?«

Lakritze schüttelt traurig den Kopf.

»Wenn ich es könnte,

hätte ich es schon lange getan.«

»Aber du kannst den Spruch
vielleicht lernen?«, meint das Weiblein.
»Den Spruch kenne ich«, sagt Lakritze.
»Aber aus nichts wird nichts.
Ich muss zuerst einen Reisigbesen haben,
den ich verzaubern kann.«
»Nichts leichter als das«,
lacht das Weiblein.
»Kauf ihn doch im Dorfladen!«
Aber Lakritze schüttelt den Kopf.
»Das geht nicht.
Im Dorfladen gibt es nur
ganz gewöhnliche Besen.
Mit denen kann ich nicht zaubern.
Es muss ein Besen sein
mit feuerrotem Reisig, verstehst du?«
»Aha.« Das Pilzweiblein überlegt eine Weile.
Dann fällt ihm etwas ein:
»Du kennst doch den Ödhof-Bauern?
Er wohnt im ersten Haus,
am Anfang des Dorfes.

Dort steht genau so ein Besen vor der Tür,

wie du ihn suchst.

Mit feuerrotem Reisig.

Die Bäuerin kehrt damit jeden Morgen

die Treppe.«

»Wirklich?«

Das Pilzweiblein nickt.

»Aber ich warne dich!

Mit dem Bauern

ist nicht gut Kirschen essen.

Er wird seinen Hund auf dich hetzen!

Da lässt du es doch lieber sein

und gehst zu Fuß.«

»Ich will es mir überlegen«,
sagt Lakritze.
»Auf jeden Fall danke ich dir für den Rat.
Und nun muss ich mich beeilen!
Bis zum Schulhaus ist es noch weit.«

Der Zauberer Zinnobro

Das Hexenschulhaus
steht hinter dem Hexenbichel.
Vor Hexenschulhäusern
stehen merkwürdige Ständer,
die sehen wie Schi-Ständer aus.
Aber in den Ständern stecken keine Schier,
sondern Hexenbesen.
Als Lakritze beim Schulhaus ankommt,
sind die Besenständer voll.
Alle Hexen sind schon da,
und der Unterricht hat längst angefangen.

Lakritze öffnet die Tür zum Schulzimmer
nur einen Spaltbreit.
Leise wie ein Mäuschen huscht sie hinein.
Keine der Hexen schaut auf.
Sie senken ihre spitzen Nasen
über ihre Zauberbücher
und schreiben.
Aber Zinnobro, der Lehrer, sieht Lakritze.
Er steht vorn am Pult und schimpft:
»Verteufelt, verflixt und zugenäht,
Lakritze ist immer zu spät!«
Schon viele Male hat Zinnobro
diesen Spruch aufgesagt.
Vielleicht hundert Male oder mehr.
Aber Lakritze wird jedes Mal rot
und schluckt die Tränen herunter.
»Schnell, schnell, Lakritze!«,
ruft Zinnobro.
»Schlag dein Zauberbuch auf!
Wir lernen heute etwas Wichtiges.
Wir lernen, wie man einen Drachen zaubert.«

Lakritze schlägt ihr Buch auf.

Dreißig Seiten sind schon voll geschrieben.

Aber dazwischen sind Lücken.

Viele Rezepte haben keinen Anfang

oder sind nicht zu Ende geschrieben.

»Achtung! Es geht los!«, sagt Zinnobro.

»Schreibt alles haargenau auf, hört ihr?«

Langsam liest er den Zauberspruch vor:

Schneckenschleim und Hexenkropf

fertig ist der Drachenkopf

mach mit Mücken

einen Rücken

hexe einen Drachenschwanz

mit Krötenfett und Knoblauchkranz

Hokus schmokus weiße Maus

Erde spuck den Drachen aus!

Lakritze schreibt.

Sie kämpft gegen den Schlaf.

Ihre Augenlider werden schwerer und schwerer,

bis sie sachte zufallen.

Jetzt ist Lakritze eingeschlafen.

Aber nur einen Augenblick lang.

Schon erwacht sie wieder und schreibt weiter.

Sie merkt nicht,

dass sie einen Teil des Zauberspruchs

nicht mitgeschrieben hat.

Später lernen die Hexen,

wie man Brennnesseln anfasst,

ohne sich zu brennen;

wie man aus Brennnesseln Salat macht

gegen Zahnweh;

wie man bei Vollmond

eine Warze wegzaubert.

Endlich läutet die Schulglocke.

Der Unterricht ist aus.

Schloff, der Drache

Die Hexen stehen
mit schrecklichem Gepolter auf
und eilen hinaus zu ihren Besen.
Nur Lakritze beeilt sich nicht.
Wozu auch?
Es wird sowieso Abend,
bis sie in ihrer Hütte ist.
»He, steh nicht im Weg!«,
krächzt eine magere Hexe
und stößt Lakritze
mit spitzem Ellbogen zur Seite.
Es ist eine der Windhexen.
Sie setzt sich
rittlings auf den Besenstiel,
bläst die Backen auf und saust
psü – ü – ü – ü – ü – t
durch die Luft.

Von oben herab,
fast schon auf Wolkenhöhe,
winkt sie der kleinen Hexe
hämisch zu.
Gottlob hat Lakritze keine Raubvogelaugen
und kann es nicht sehen.

Endlich kehrt Lakritze heim in ihr Haus
hinter den Brombeerhecken.
Die Sonne geht schon bald unter.
Müde setzt sie sich in ihre Küche
und streift die Hexenschuhe ab.
Ihre Füße brennen.
Sie humpelt ins Kräutergärtchen,
holt Pfefferminz-Blätter
und wickelt sie mit Bindfaden
um die Blasen.

So kann es nicht weitergehen, denkt sie.

Ich will mir einen Gehilfen hexen.

Einen starken Drachen.

Ein starker Drache

wird mit dem Ödhof-Bauern

und seinem Hund fertig.

Ein starker Drache kann mir den Besen

aus rotem Reisig verschaffen.

Sie geht zum Kamin hinüber,

stellt sich mit dem Zauberbuch auf

und sagt laut:

»Jetzt hexe ich!«

Dann schlägt sie das Zauberbuch auf

und liest langsam:

Schneckenschleim und Hexenkropf
fertig ist der Drachenkopf
hexe einen Drachenschwanz
mit Krötenfett und Knoblauchkranz
Hokus schmokus weiße Maus
Erde spuck den Drachen aus!

Ein starker Windstoß

fegt vom Kaminloch her durch die Küche.

Das Haus wackelt, als hätten drei Blitze

auf einmal eingeschlagen.

Darauf folgt ein langes Donnerrollen.

Lakritze kneift die Augen zu

und steckt beide Zeigefinger in die Ohren.

Erst nach einer Weile wagt sie

die Augen zu öffnen.

Ein Drache steht vor ihr!

Mit einem riesigen Kopf.

Mit Augen wie Laternen.

Mit einem Rachen wie ein Scheunentor,

das Feuer spucken kann.

»Der ist mir aber großartig gelungen«,

ruft Lakritze begeistert.

»Du bist Schloff, der Superdrache!

Ja, so sollst du heißen!«

Aber da dreht sich der Drache

langsam – ganz langsam – um.

Lakritzes Gesicht wird mehlweiß.

Herrje, der Drache hat keinen Rücken!
Hinter dem Kopf wächst sofort
der Schwanz heraus.
Der Drache ist zu kurz.
Ein zu kurz geratener Drache!,
wie lächerlich!
Er sieht wie eine große Kaulquappe aus!
Mit meinem Zaubertrick
stimmt etwas nicht, überlegt Lakritze.
Da habe ich mir etwas Lausiges
ins Haus gehext.

Das elende Zauberbuch!

Sie wirft das Buch hinter den Herd

und schimpft:

»Fahr ab, du missratener Drache!«

»Wie bitte?«, fragt Schloff, der Superdrache.

Bekümmert schaut er zu Lakritze empor.

Er hat gutmütige Augen.

In jedem Auge leuchtet ein Licht.

Aber Lakritze will kein Mitleid spüren.

»Verschwinde, sag ich!«

»Wohin denn?«, fragt Schloff.

»Wo du hergekommen bist!«

»Dorthin«, sagt Schloff,

»kann ich nicht mehr zurück.

Leider!«

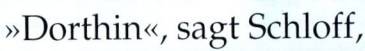
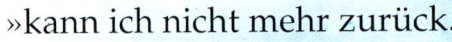

Er schluckt leer.

Seine Laternenaugen erlöschen.

Es ist, als hätte jemand

das Licht ausgelöscht.

»Aber ich kann dich nicht brauchen«,

ruft die Hexe verzweifelt.

»Du bist mir zu schwach!

Ich brauche einen anderen Drachen.

Einen echten, starken!

Der kann mir nämlich den roten Reisigbesen

beim Ödhof-Bauern holen.«

»Ich will dir den Besen holen«, sagt Schloff.

»Das kannst du nicht.

Du bist nur eine halbe Portion.

Wie sollen denn der Ödhof-Bauer

und sein Hund vor dir Angst haben?«

Schloff schließt für einen Moment

seine Drachenaugen, als wäre er müde.

Dann sagt er:

»Vielleicht habe ich einen halben Körper.

Aber vergiss nicht:

Ich habe einen ganzen Kopf.

Und im Kopf drin ist es hell!

Du siehst doch,

wie das Licht aus meinen Augen brennt.«

Wirklich, seine Augen beginnen
wieder zu leuchten.
»Gut«, sagt Lakritze.
»Du darfst bleiben.
Leg dich neben den Herd!
Den Besen
kannst du nicht holen,
aber du kannst
Feuer spucken,
wenn mir
die Streichhölzer
ausgehen.«

Lakritze holt einen alten Rock
und ein paar Lumpen
und richtet dem Drachen neben dem Herd
ein Lager her.
Nach dem Abendbrot geht sie früh schlafen.
Es war ein langer, anstrengender Tag,
und sie ist müde.
Vor dem Einschlafen stellt sie noch schnell
den Wecker auf drei Uhr.

Der rote Reisigbesen

Mitten in der Nacht
schleicht Schloff aus der Hütte.
Er geht durch den Wald zum Dorf hinunter.
Seine Laternenaugen helfen ihm,
sie leuchten ihm den Weg.
Am Anfang des Dorfes
steht das Haus des Ödhof-Bauern.
Im Mondlicht kann man den roten Besen
neben der Haustür sehen.
Aber dicht neben der Tür
steht auch das Hundehaus.
Haraß, der Hund des Ödhof-Bauern,
liegt an der Kette und schläft.
Als der Drache näher schleicht,
fängt der Hund zu knurren an.
Wie der die Zähne fletscht!
Im Mondlicht sieht das schaurig aus.

Weil der Hund an der Kette liegt,
wagt sich der Drache nahe ans Haus.
Jetzt ist er unter dem Schlafzimmerfenster
des Ödhof-Bauern.
Das Fenster steht offen.
Der Hund bellt so laut,
dass die Bäuerin erwacht.

Sie fürchtet sich

und rüttelt ihren Mann.

»He, Kari! Der Hund bellt!

Schleicht da ein Einbrecher ums Haus?«

»Du mit deinen Einbrechern!«, sagt Kari.

Er dreht sich auf die andere Seite

und schläft weiter.

Der Drache speit ein bisschen Feuer.

Im Schlafzimmer wird es taghell.

»He, Kari«, ruft die Bäuerin,

»ich glaube, es brennt!«

Aber Kari rührt sich nicht.

Die Bäuerin geht ans Fenster.

Da unten steht

ein Feuer spuckendes Ungeheuer!

Sie kann im Dunkeln

zwar nur seinen Kopf erkennen,

aber der ist schrecklich genug.

Die Bäuerin wird steif vor Schreck.

»Wer bist du?«, fragt sie.

Ihre Stimme zittert.

»Ich bin Schloff, der Superdrache«,
sagt Schloff.
»Ein Su-Su-Superdrache?«
»Ja«, sagt Schloff.
»Siehst du nicht
meinen mächtigen Schwanz?«
»Nein«, stammelt die Ödhof-Bäuerin.
»Schade. Der ist wirklich riesenlang!
Das Schwanzende ist in Roggenhausen,
dort habe ich eben die Dächer
von drei Häusern weggewischt!«
»Oh-oh-oh«, macht die Bäuerin.
»Und was willst du bei uns?«
»Euer Haus anzünden.«

»Nein, bitte, bitte, Riesendrache,
tu das nicht!«, jammert die Frau.
»Was kann ich dir geben,
damit du unser Haus in Ruhe lässt?«
»Gib mir den roten Reisigbesen bei der Tür!«,
sagt Schloff.
»Den roten Reisigbesen?
Ach, wenn's weiter nichts ist!
Warte einen Moment!«
Die Bäuerin holt den Besen
und wirft ihn dem Drachen
aus dem Fenster zu.

Die Überraschung

In der Früh

rasselt im Hexenhaus der Wecker.

Erst rasseln die drei großen,

dann die vier kleinen Läutwerke.

Aber Lakritze rührt sich nicht.

Auch die rasselnde, quasselnde

Weckerstimme bringt sie

nicht aus der Ruh.

Da fährt wieder das Stäbchen

aus dem Metallschlitz,

wird lang und länger

wie ein Arm,

kreist suchend über Lakritzes Gesicht,

senkt sich herab

und presst die Nasenspitze

zwischen zwei Spiralfingern.

»Au, du Biest!«, schreit Lakritze.

Sie springt aus dem Bett
und fährt in ihren Hexenrock.
Ach, denkt sie dabei,
hätte ich doch einen Besen
wie alle andern Hexen!
Dann könnte ich mich noch
für Stunden aufs Ohr legen!
Noch schlaftrunken,
geht sie in die Küche.

Aber was steht denn da vor dem Herd?

Ein roter Reisigbesen!

»Oh . . . der Besen des Ödhof-Bauern«,

staunt Lakritze.

»Wer hat den geholt?

Warst du das, Schloff?«

Sie schaut den Drachen an,

der auf den alten Lumpen

neben dem Herd liegt.

Schloff nickt.

Seine Laternenaugen leuchten.

»Du bist ein wunderbarer Drache«,

sagt Lakritze.

»Wir wollen den Besen sofort verzaubern.

Ich hole mein Buch!«

Lakritze stellt sich vor den Kamin,

schlägt das Buch auf und zaubert:

> *Auf den Blitzen*
> *Hexen sitzen*
> *Donnerschlag auf beiden Seiten*
> *Reisigbesen lass dich reiten!*

Ein Windstoß fährt aus dem Kaminloch,
der rote Reisigbesen stellt sich auf
und hüpft in der Küche herum.
»Diesmal hat es, glaub ich, geklappt!«,
ruft Lakritze und klatscht vor Freude
in die Hände.
»Komm, Schloff,
wir wollen ihn ausprobieren!«

Die Hexe rafft den Rock hoch
und setzt sich rittlings
auf den Besen.
Schloff klettert auf das Stielende
und klammert sich mit allen vieren an.
Jetzt kann es losgehen!
Sie fliegen
psü – – – ü – – – ü – – – t
durch den Kamin
hoch zu den Wolken hinauf.

Schon nach drei Sekunden
sind sie über Roggenhausen.
»Das reicht!«, ruft Lakritze nach hinten.
»Wir wollen umkehren!
Sonst landen wir in Amerika!«

 ## *Die Kräuterkuchen*

Sie sausen durch den Kamin

und landen wieder in der Küche.

»Uff! Da wären wir«, sagt Schloff

und klettert vom Besen.

Seine Beine sind ganz steif,

denn er hat sich aus Angst

zu fest angeklammert.

»Um acht beginnt die Schule«,

sagt Lakritze.

»Da bleibt noch Zeit

für ein ordentliches Frühstück.

Ich backe uns ein paar Kräuterkuchen.«

Die Kuchen schmecken herrlich.

Die beiden können davon fast nicht

genug bekommen.

Das Fliegen

hat hungrig gemacht.

Plötzlich ruft Schloff:

»Es ist gleich acht, Lakritze!

Du wirst wieder zu spät kommen!«

»Vor lauter Schnabulieren

haben wir die Zeit vergessen«,

jammert Lakritze.

»Sitz auf, Schloff,

wir fliegen zur Schule!«

»Aber die Hexen werden mich auslachen«,

meint Schloff.

»Du weißt doch, ich bin zu kurz.«

Schloff hat wieder sein trauriges Gesicht.

Trotzdem setzt er sich hinter Lakritze

auf den Hexenbesen.

Sie fliegen aus dem Kamin

und

psü – – – ü – – – ü – – – t

über den Wald

und über den Hexenbichel.

Der schnellste Besen

*D*ie Hexen sind schon alle
vor dem Schulhaus
und stellen ihre Besen
in die Ständer.
»Schaut mal!«,
sagt eine der Windhexen
und zeigt zu den Wolken hinauf.
»Dort fliegt ein ganz schneller!«

»Ja, das neueste Modell«,

sagt eine andere Hexe.

»Das fliegt blitzschnell!

Dagegen sind unsere Besen lahme Schlitten.«

Alle Hexen schauen zum Himmel empor.

Der Besen dreht eine Schleife

und saust auf das Schulhaus zu.

Jetzt kann man deutlich sehen,

wer auf dem Besen reitet.

»Es ist Lakritze!«, raunen die Hexen.

»Ja, da bin ich!«, sagt Lakritze

und steigt vom Besenstiel.

Die Hexen starren sie schweigend an.

Ihre Nasenspitzen sind gelb

vor Neid.

»Ist das dein Besen?«,
fragt schließlich eine.
Lakritze nickt.
»Und woher, wenn man fragen darf?«
»Den verdanke ich meinem Superdrachen«,
sagt Lakritze und lacht.

Sie zeigt auf Schloff,

der gerade vom Besenstiel klettert.

Die Hexen staunen.

Sie sehen, dass der Drache zu kurz ist.

Aber keine wagt zu spotten.

Zinnobro erscheint unter der Tür.

»Schnell, schnell«, ruft er,

»der Unterricht beginnt!«

Dann schaut er auf Lakritze und sagt:

»Was??? Lakritze ist schon da?

Zum ersten Mal rechtzeitig!

Wie kommt das?«

»Dank meinem Superdrachen«,

sagt Lakritze

und zwinkert Schloff zu.

Die Hexe Lakritze
und Rino Rhinozeros

Die Hexenschule

Hexenbesen sind schnell wie Raketen.
Trotzdem kommt Lakritze heute zu spät.
Die Fenster des Schulhauses
stehen offen.
Man hört die Hexen im Schulzimmer
Hexenzahlen üben:

null, eins	– mehr als keins
eins, zwei	– schnell herbei
zwei, drei	– leg ein Ei
drei, vier	– pack den Stier
vier, fünf	– flick die Strümpf
fünf, sechs	– grüß die Hex
sechs, sieben	– Käs gerieben
sieben, acht	– schiefgelacht
acht, neun	– streich die Zäun
neun, zehn	– barfuß gehn

»Schnell, schnell, Lakritze!«,

ruft der Lehrer.

Er steht am Fenster

und hebt den Drohfinger.

Lakritze wird rot

und huscht ins Schulzimmer.

Lakritzes Lehrer ist

der Zauberer Zinnobro.

Er sieht heute anders aus als sonst.

Um den Hals trägt er

einen dicken Wollschal.

Seine Nase ist rot und geschwollen.

Manchmal fällt

ein Tropfen aus der Nase

in seinen Schnauzbart.

»Ich bin ha –
ich bin ha – ha –
ich bin ha – ha – hatschi!
so erkältet«, sagt Zinnobro.
»Meine Stimme ist heiser.
Könnt ihr mich verstehen?«

»Er krächzt wie eine Eule!«,
flüstert eine der Hexen.
Die anderen kichern: »Hi, hi, hi!«
»Ruhe!«, befiehlt Zinnobro.
»Wir lernen heute – hatschi! –
etwas Wichtiges!
Wir lernen, wie man sich verwandeln kann.
Verwandeln ist schwer.
Sehr schwer sogar!
Wir beginnen mit Stufe eins.
Nämlich, wie man eine Fliege wird!«
»Sum – sum – sum –
Fliegen sind saudumm!«,
wispert eine Hexe.
Zum Glück hat es Zinnobro nicht gehört.
In der Schule duldet er keine Späße.

Der Zauberspruch

*A*chtung! Wir lernen zaubern,
wie man eine Fliege wird«, ruft Zinnobro.
Er kauert neben seinem Pult und murmelt:

> *Schrumpfdi, dumpfdi – hatschi! – golome*
> *Fliegendreck und Bohnenklee*
> *Ziegenfuß und Damenriege*
> *fertig ist die Stubenfliege!*

(Zinnobro ist keine Fliege geworden,
weil er vor dem Zaubern schnell
eine Antizauber-Pille genommen hat.)
»Habt ihr den Spruch aufgeschrieben?«,
fragt er. »Dann will ich euch noch sagen,
wie ihr euch in eine Hexe
zurückverwandeln könnt.
Oder wollt ihr 400 Jahre lang
Fliegen bleiben?«

»Nein, nein, nein!«, rufen die Hexen.
»Also, dann merkt euch auch das:

Linke Fliegenbeine schütteln,
rechte Fliegenbeine rütteln,
brummdi, summdi, leck, reck, streck,
Fliegendreck und Tintenklecks,
ich bin wieder eine Hex!

Verflixt, meine Nase!
Verflixt und zugenäht, mein Hals!«,
stöhnt Zinnobro.

»Ha – ha – ha – ha –
    ha – ha – ha – hatschi!«
Es hallt wie ein Gewitter.
Die Hefte wirbeln in der Luft herum.

»Ich muss schleunigst ins Bett«,
krächzt Zinnobro.
»Morgen ist keine Schule!«
»Schwarze Katz und Zuckermaus,
morgen fällt die Schule aus!«,
singen die Hexen.

Die Menschenschule

Die Hexen haben schulfrei.
Ei, wie lustig, denkt Lakritze,
ich kann heute tun, was ich will.
Nur die Menschenkinder müssen
sich plagen mit vielen schweren
Lehrer-Fragen!
Hei, wie wäre es,
wenn ich einmal sehen könnte,
was die Menschenkinder
in der Schule machen?
Mit ihrem Hexenbesen
fliegt sie psü – ü – ü – ü – ü – t
nach Oberpollingen zum Schulhaus.
Die Kinder haben gerade große Pause.
Lakritze versteckt sich
hinter der Hecke im Schulhof
und schaut zu.

Zwei Mädchen und zwei Jungen
machen Gummitwist.
Wie sie hüpfen und sich drehen!
Das wäre ein Spiel für die Hexenschule,
denkt Lakritze.
Aber da sieht sie dicht vor der Hecke
etwas anderes.
Zwei Jungen kämpfen wie Hähne.
Der eine ist klein und schmächtig,
er heißt Sigi.

Der andere ist groß und stark,
es ist Rino.
Rino packt Sigi und wirft ihn
zu Boden.
Sigi steht blitzschnell auf
und versetzt Rino einen Tritt
in sein Hinterteil.
»Bravo!«, ruft ein Mädchen
mit hellbraunen Haaren.

Rino packt es im Genick.

»Was lachst du?

Lachst du über mich?

Ich werd's dir geben,

dass du nicht mehr Gick und Gack

sagen kannst!«

Er schüttelt Rosmarie wie ein Kaninchen.

»Jetzt reicht's aber!«,

ruft Lakritze durch die Zweige.

»Wenn du noch einmal

jemandem etwas antust,

mache ich deine Nasenspitze grün!«

Rino lässt Rosmarie los
und starrt auf die Hecke.
Zwischen den Blättern sieht er
einen Hut und das Gesicht
eines fremden Mädchens.
»Blöde Ziege!«, knurrt er.
Aber Lakritze kann es
nicht verstehen.
Die Schulglocke läutet so laut,
dass die Blätter an der Hecke zittern.
Die Pause ist aus.
Die Kinder gehen ins Schulhaus.

Die Zauberfliege

*D*ie Schulglocke hat geläutet.
Auf dem Pausenplatz
sieht man nur noch
Apfelbutzen und Kaugummipapiere.
Durch das offene Fenster hört
Lakritze die Stimmen der Kinder
im Schulzimmer.
Ich möchte für mein Leben gern
wissen,
was Rino und Rosmarie und Sigi
da drin machen,
denkt Lakritze.
Wozu habe ich denn gelernt,
wie man sich
in eine Fliege verwandelt?
Sie steckt ihren Besen
in den Fahrradständer.

Dann kauert sie sich hinter die Hecke
und murmelt:

Schrumpfdi, dumpfdi – hatschi! – golome,
Fliegendreck und Bohnenklee,
Ziegenfuß und Damenriege,
fertig ist die Stubenfliege!

Lakritzes Arme und Beine schrumpfen.

Aus ihrem Rücken wachsen Flügel.

Sie steht auf sechs Beinen.

Wie anders alles aussieht!

Die Regenpfütze ist ein See.

Die Blätter der Hecke sind

schattige Dächer.

Die Dornen zwischen den Blättern

sehen wie gefährliche Spieße aus.

In den Flügeln sirrt es elektrisch.

Lakritze breitet sie vorsichtig aus

und stößt sich vom Boden ab.

Im Bauch kribbelt es so schön

beim Fliegen!

Sum – sum – brum!

Sie fliegt durchs offene Fenster

und landet

an der Decke des Schulzimmers.

Die Kinder beugen sich über ihre Hefte
und schreiben.
Zauberrezepte?, überlegt die Fliege.
Nein, sie müssen
Wörter und Sätze schreiben.
Das muss schwer sein.
Einige strecken vor Eifer
die Zunge heraus.
»Ha – ha – hatschi!«,
macht die Fliege plötzlich.
Ein paar Kinder drehen erstaunt
die Köpfe.
Verzaubert, verflixt und zugenäht,
denkt die Fliege.
Ich habe ja Schnupfen!
Hat es mit meinem Zauberspruch
nicht ganz geklappt?
Schrumpfdi, dumpfdi –
hatschi! – golome . . .
Oh weh! Ich habe mir zu der Fliege
noch einen Schnupfen angehext!

Die Schreibstunde

*D*ie Zauberfliege schaut
von der Schulzimmerdecke
auf die Kinder herunter.
Die Lehrerin geht von Bank zu Bank
und sieht nach,
ob die Schüler alles richtig schreiben.
Rosmarie ist ein bisschen bleich,
weil Rino sie in der Pause
so geschüttelt hat.
»Aber Rosmarie«, sagt die Lehrerin,
»seit wann schreibt man das Wort VOGEL
mit einem Fenster-F?
Wenn du so weitermachst,
werde ich deinen Eltern
einen Brief schreiben müssen.«
Warte, Rosmarie, ich helfe dir!,
denkt die Fliege.

Die Lehrerin diktiert:

Der Sommer ist endlich da.

Die Kinder schreiben.

Der nächste Satz ist noch schwerer.

Rosmarie nagt am Federhalter

und seufzt.

Plötzlich macht über ihrem Kopf

etwas leise »Hatschi!«.

Eine Fliege!

Eine Fliege, die Schnupfen hat,

denkt Rosmarie erstaunt.

Jetzt schreibt die Fliege

mit den Beinen

den schweren Satz vor.

Ganz langsam,

Buchstabe für Buchstabe.

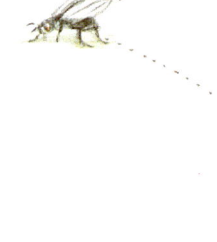

Das Fli...
grast auf der
Wiese ......

Etwas später beugt sich die Lehrerin
über Rosmaries Heft.
»Das darf nicht wahr sein«, stöhnt sie.
Alles falsch!
»So viele Fehler hast du
noch nie gemacht!«
»Die Fliege hat es mir vorgeschrieben«,
stammelt Rosmarie.

»Die Fliege?« Die Lehrerin schaut
zur Decke und schüttelt den Kopf.
Als sie weitergeht,
streckt Rino schnell die Hand aus
und zieht Rosmarie an den Haaren.
»Rosmarie – dummes Vieh«,
flüstert er.
Die Fliege an der Decke
hat es gehört.

Die Spinatnase

Das Diktat ist vorbei.
Die Lehrerin lässt
die Hefte einsammeln.
Plötzlich wird ihr Blick ganz starr.
»Rino, was ist denn mit dir los?«,
fragt sie.
»Hast du heute Mittag Spinat gegessen?«
»Nein, Blumenkohl. Warum?«
»Deine Nase ist grün.
Ganz grün!
Sie wird immer grüner!«

Alle Schüler drehen sich nach Rino um.

»Spinatnase!«, kichert einer.

»Salatzinken!«

Zum Glück läutet die Schulglocke.

Nun ist Lakritze, die Fliege,

ganz allein im Schulzimmer.

Sie kriecht die Decke entlang.

Jetzt ist sie genau

über dem Pult der Lehrerin.

Wenn ich nur schon wieder

eine Hexe wäre, denkt sie.

Ich will Zinnobros Spruch sagen,

wie hieß er schnell?

Linke Fliegenbeine schütteln,
rechte Fliegenbeine rütteln,
brummdi, summdi, leck, reck, streck,
Fliegendreck und Tintenklecks,
ich bin wieder eine Hex!

Plumps!
Die Hexe fällt von der Decke
auf das Pult der Lehrerin.
Die Blumenvase kippt um.

Wasser fließt über die offenen Hefte
und schwemmt aus den Wörtern
Buchstaben weg.
»Uff, das war eine harte Landung!«,
stellt Lakritze fest.
»Aber zum Glück bin ich wieder
eine Hexe!«
Sie klettert vom Pult.
Ihr Hinterteil brennt noch
ein bisschen;
sie humpelt die Treppe hinunter
in den Schulhof.

Alle Kinder sind nach Hause gegangen,

nur Rino steht noch

beim Fahrradständer.

Er ist stolz auf sein Fahrrad.

Es ist neu,

funkelnagelneu.

Gestern hat er es

zum Geburtstag bekommen.

Da entdeckt er das fremde Mädchen,

das in der Pause mit ihm geschimpft hat.

Ob ihm der merkwürdige Besen gehört?

»Ist das dein Besen?«,

fragt Rino und reißt den Besen

schnell an sich.

Lakritze wird bleich.

»Bitte, gib ihn her!«, sagt sie.

Rino schaut erst das Mädchen,

dann den Besen an.

Jetzt geht ihm ein Licht auf.

»Aha«, ruft er,

»du bist eine Hexe!

Du hast meine Nase verhext!
Mach sie wieder wie früher,
hörst du!«
»Geht nicht«, sagt Lakritze.
»Ehrlich! Zauberfarbe hält gut.
Aber wenn du niemanden mehr ärgerst,
wird deine Nase jede Woche etwas blasser.
Bis Weihnachten könnte sie
wieder normal sein.«
»Bis Weihnachten?
Mach dich nicht über mich lustig,
sonst lege ich deinen Besen übers Knie
und breche ihn krack! entzwei!«

Der Wunsch

Rino will Lakritzes Besen

kaputtmachen.

»Gib den Besen her!«, jammert Lakritze.

»Erst zu Weihnachten!«, ruft Rino.

Lakritze kommen die Tränen.

Ohne ihren Besen muss sie zu Fuß

zur Schule gehen,

über den Hexenbichel,

drei Stunden hin,

drei Stunden zurück.

Da kommt ihr eine Idee:

»Weißt du was,

ich zaubere dir etwas Schönes,

du darfst dir was wünschen.«

»Die Tasche voller Goldstücke!«,

schlägt Rino vor.

»Lernen wir leider erst im nächsten Jahr.«

»Dann zaubere mir blaue Augen.

Der Grit Schweinsgruber

gefallen blaue Augen.«

Rino ist ein bisschen rot geworden.

Dass er der Grit gefallen möchte,

ist nämlich sein Geheimnis.

»Blaue Augen zaubern kann ich auch

nicht«, gesteht Lakritze.

»Mickrige Hexe!«, meint Rino.

»Aber da fällt mir noch ein Wunsch ein.

Etwas ganz Tolles.

Ich möchte noch stärker werden!

Der Stärkste weit und breit!«

»Jaja, das kann ich«,

ruft Lakritze schnell,

»ich weiß einen Spruch,

der macht alles siebenmal stärker!«

»So, also los!«

Rino ist ganz ungeduldig.

»Zuerst den Besen zurück!«,

befiehlt Lakritze.

»Da!« Rino reicht ihn hinüber.
Mit dem Besen in der Hand
stellt sich Lakritze vor die Hecke
und murmelt:

Sieben Elefantenbeine
kicken Siebenmeilensteine,
Löwenmark und weißer Quark
machen deine Muskeln stark!

Der starke Rino

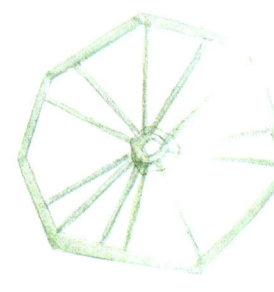

Lakritze hat Rino stark gezaubert.
Rino spürt,
wie seine Muskeln eisenhart werden.
Er starrt auf seine Hände und Füße,
die sehen jetzt noch
viel kräftiger aus.

Nun brauche ich nur noch mit dem
kleinen Finger kick! zu machen,
dann fallen der Sigi
und seine Freunde um,
denkt Rino.
Die Hexe ist mit ihrem Besen
verschwunden.
Rino nimmt sein Fahrrad
aus dem Ständer.
Mit voller Wucht schwingt er sich
in den Sattel.

Krick! Die Pedale verbiegen sich!

Krack! Der Sattel fällt ab!

Plumps! Rino liegt am Boden.

Oh weh, mein neues Fahrrad,

denkt Rino.

Was werden Vater und Mutter sagen?

Er schiebt das Fahrrad

die Straße hinauf.

Da kommt gerade Grit Schweinsgruber

aus der Haustür.

»Hallo, Grit!«, grüßt Rino.

Er fasst nach Grits Hand.

»Au, au!«, schreit Grit. »Du Grobian!

Ich will dich nie mehr sehen!«

Rino lässt schnell Grits Hand los.

Sie ist voller blauer Flecken.

Grits Mutter eilt herbei und

zieht Grit ins Haus.

Ich bin ja furchtbar stark geworden,

stellt Rino fest.

Zu Hause putzt seine Mutter

gerade ein Fenster.

»Mutter, ich bin stärker geworden«,

sagt Rino.

»Noch stärker?«, sagt die Mutter.

»Dann kommst du gerade recht.

Hilf mir beim Fensterputzen!«

Das Rhinozeros

Der starke Rino soll seiner Mutter
beim Fensterputzen helfen.
Die Mutter reicht ihm das Hirschleder.
Rino reibt über die Scheibe.
Klirr! Die Scheibe zersplittert.
Klarr! Die Scheiben fallen
auf die Straße.
Flatsch! Die Mutter gibt Rino
eine Ohrfeige.
»Was sollen wir tun?«,
sagt die Mutter zum Vater.
»Unser Rino ist zu stark.«
»Zu stark?« Der Vater lacht.
»Je stärker, umso besser!
Er soll mir diesen Nagel
in die Wand schlagen!«
Vater reicht Rino den Hammer.

Rino schlägt zu.

Zick! Der Hammer saust auf den Nagel.

Zack! Der Hammer schlägt ein Loch

durch die Wand in die Wohnung

des Nachbarn.

»Rino, du bist ein Rhinozeros!«,

sagt der Vater.

Rino soll sich beim Nachbarn

entschuldigen.

Er klopft an die Wohnungstür.

Bums! Die Tür bricht ein.

Der Pflaumenbaum

Der Nachbar ist Hauswart.
Er sagt zum starken Rino:
»Das ist ja entsetzlich,
du bist stärker als Tarzan
im Fernsehen!
Du hast mir Tür und Wand eingeschlagen,
jetzt möchte ich, dass du für mich
etwas Nützliches tust!
Komm in den Hof
und schüttle die Pflaumen vom Baum,
dann brauche ich nicht
auf die Leiter zu steigen!«

Im Hof packt Rino den Baumstamm
mit beiden Händen.
Und rüttelt

     und schüttelt.

Platsch!, klatsch!,

     fallen die Pflaumen . . .

Die Krone wiegt sich,
der Stamm biegt sich,
aber oh weh!
Die Wurzeln geben nach.
Rino hält den riesigen Baum
in den Händen,
als wäre er ein Streichholz,
Vögel fliegen erschrocken auf,
ein Nest fällt zu Boden.
Bis zum Abend
hat jedermann im Ort erfahren,
wie stark Rino geworden ist.

Wenn Rino die Straße hinuntergeht,
fliehen die Leute in die Häuser
und verriegeln die Türen.
Das machten sie zuletzt,
als vor zwei Jahren
in der Nachbarstadt
der Löwe aus dem Zirkus
ausgebrochen war.
»Da geht Rino Rhinozeros«,
sagen sie und spähen
hinter den Vorhängen auf die Straße.

Die alte Frau

Stark sein ist gar nicht lustig,

denkt Rino,

alle nehmen vor mir Reißaus.

Die Hexe soll mich wieder machen,

wie ich war.

Meinetwegen sogar

ein bisschen schwächer.

Wie der Sigi zum Beispiel.

Wenn ich ihn dann nicht mehr

so leicht zu Boden bringe,

ist es mir egal.

Das Kämpfen hängt mir sowieso

zum Hals heraus.

Jetzt steht Rino vor der

Schulhaus-Hecke.

»Hexe!«, ruft er. »Hexe, erscheine!«

Aber nichts rührt sich.

Nachdenklich setzt er sich
in den Schatten der Hecke
und starrt auf seine Hände,
sie kommen ihm so riesig
wie Kranschaufeln vor.
Da kommt eine alte Frau daher.

Sie will mit dem Zug zu ihrem Bruder
nach Roggenhausen fahren
und ihm Pflaumen und Äpfel
aus dem Garten bringen.
Die Taschen sind schwer.
Wie Bleigewichte ziehen sie
an ihren dünnen Armen.
Schweißtropfen stehen ihr auf der Stirn.
Die Arme!, denkt Rino.
Ich will ihr tragen helfen,
damit meine Kraft wenigstens
jemandem nützt.
Aber vielleicht hat sie Angst vor mir
wie alle andern Leute?
Aber nein,
die alte Frau hat schlechte Ohren,
von Rino Rhinozeros
hat sie noch nichts gehört.
Gerne überlässt sie Rino ihre Taschen.
Für Rino sind die Taschen
so leicht wie Flaumfedern.

Er begleitet die alte Frau zum Bahnhof.

Die Dorfstraße ist leer.

Aus einem Fenster ruft jemand:

»Rino Rhinozeros!«

»Aha, Rino heißt du«, sagt die alte Frau.

»Ich bin froh, dass du

meine schweren Taschen trägst.«

Sie lächelt Rino zu.

Da geschieht etwas Merkwürdiges.

Mit jedem Schritt,

wirklich mit jedem Schritt,

werden die Taschen für Rino schwerer.

Als sie endlich am Bahnhof ankommen,

scheinen sie voll Blei zu sein.

Mit einem Seufzer stellt er

die Taschen ab.

Er starrt auf seine Hände und Füße,

die sind jetzt kleiner und schmaler,

genauso wie früher.

Der Zauber ist weg,

denkt Rino erfreut.

Wie wohl meine Nase jetzt aussieht?

Rino reicht der alten Frau

die Taschen ins Abteil.

Der Zug fährt ab,

langsam gleiten die Wagen

an Rino vorbei.

Da winkt ihm aus dem

hintersten Zugfenster jemand zu.

Es ist ein Mädchen mit einem Hut.

Es ist die Hexe!

»Vielen Dank, Hexe!«, ruft Rino.

Lakritze lacht und winkt zurück.
Dann setzt sie sich auf ihren Besen
und fliegt psü – ü –ü – ü – ü – t
aus dem Zugfenster.
Über dem Oberpollinger Wald
ist sie bald nur noch ein
kleiner Punkt.
Auf dem Heimweg bleibt Rino
vor dem Bäckerladen stehen.
In der Scheibe spiegelt sich
seine Nase.
Sie ist nicht mehr spinatgrün,
nein, sie ist viel blasser,
nur noch hellgrün
wie ein junges Buchenblatt.